ÉLOGE

DE

M. LE BARON HENRION DE PANSEY

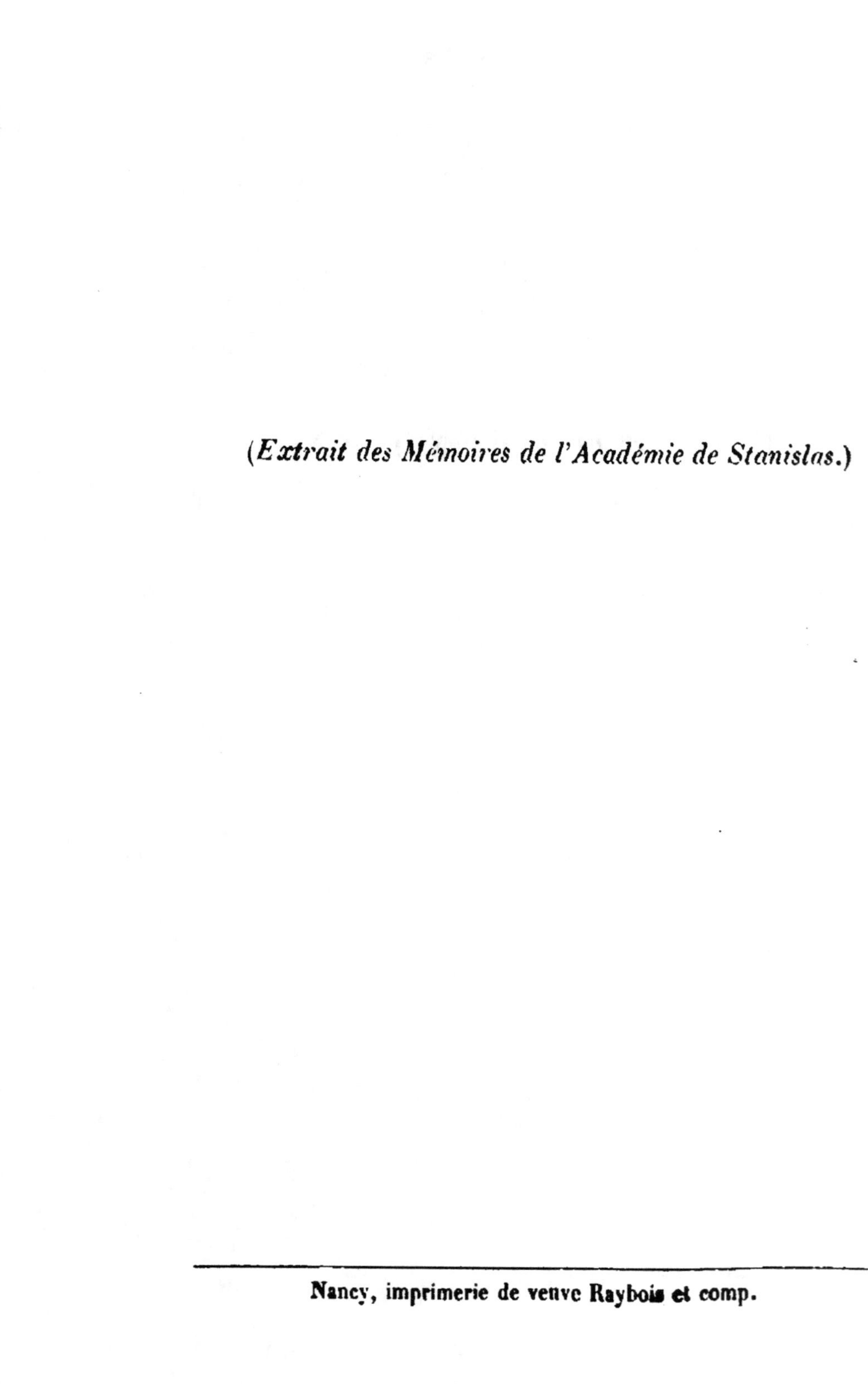

(Extrait des Mémoires de l'Académie de Stanislas.)

Nancy, imprimerie de veuve Raybois et comp.

ÉLOGE

DE M. LE BARON

HENRION DE PANSEY

PREMIER PRÉSIDENT DE LA COUR DE CASSATION

PRONONCÉ

A L'ACADÉMIE DE STANISLAS

(SOCIÉTÉ ROYALE DES SCIENCES, LETTRES ET ARTS DE NANCY)

Séance du 1ᵉʳ février 1856

PAR M. PAILLART,

Ancien Procureur général, premier Président honoraire de la Cour impériale de Nancy, Membre de l'Académie de Stanislas, Correspondant de l'Académie des Sciences, Belles-Lettres et Arts de Rouen.

NANCY,

GRIMBLOT ET VEUVE RAYBOIS, IMPRIMEURS-LIBRAIRES,
Place Stanislas, 7, et rue Saint-Dizier, 125.

1856.

ÉLOGE

DE M. LE BARON

HENRION DE PANSEY

..... Justissimus unus
Qui fuit in Teucris, et servantissimus æqui.

VIRG. *Æneïd.*, lib. II, v. 427.

MESSIEURS,

C'est une œuvre bien modeste que de rechercher dans
notre passé, si plein de mouvement et de bruit, à une
distance qui efface par degrés toutes les impressions, et
de recommander au souvenir public certains hommes
privilégiés qui ont vécu simplement dans le culte de la
justice et de la paix. L'étude et le travail ont leurs vic-
times, mais non leurs héros comme les batailles, et pourtant ceux qui ont servi par la plume ou par le conseil

ont bien mérité leur part de reconnaissance. Une grande et belle place doit toujours être réservée aux actions, aux exemples de la vie civile, surtout quand le bénéfice du temps et le courage de la persévérance les ont en quelque sorte consacrés. Ne découronnons pas la vieillesse, et dans les assemblées des vivants, souvenons-nous des morts. Entre le berceau et la tombe de l'homme, il y a place pour bien des révolutions, et cependant il y a rarement assez d'espace pour que l'expérience d'un seul y puisse mûrir à l'aise. C'est, Messieurs, sous l'empire de ces réflexions, de ces graves pensées, pour l'honneur du pays et de la magistrature, que nous vous présentons aujourd'hui l'éloge de M. le baron Henrion de Pansey (1). Il appartient à notre province, par ses aïeux, sa naissance, ses premières études, les souvenirs même de ses

---

(1) Il existe quatre biographies de ce magistrat :

1º *Notice sur M. Henrion de Pansey*, signée A. Taillandier, en tête du tome VI, 2ᵉ partie (*Barreau ancien*), des *Annales du barreau français*, 1825 (on a réimprimé à la suite les mémoires pour Mercier et pour Roc, et les éloges de Dumoulin et de Mathieu Molé.

2º *Notice historique sur M. Henrion de Pansey*, par A. Taillandier. *Revue encyclopédique.* Tome XLIII, cahier de juillet 1829. C'est la même Notice rectifiée et complétée.

3º *Notice historique sur la vie et les ouvrages de M. le baron Henrion de Pansey*, par M. Rozet, avocat. Paris 1829.

4º *Éloge de M. le baron Henrion de Pansey*, par M. Forgues. Lu à la Conférence des avocats le 25 novembre 1837. *Gazette des tribunaux*, 26 novembre 1837.

vieux jours auxquels son département natal voulut, mais trop tard, décerner les honneurs de la députation.

Henrion (Pierre-Paul-Nicolas) naquit à Treveray, le 28 mars 1742. Son père était avocat, et prévôt de la baronnie de Montier-sur-Sault. Il fut élevé à l'université de Pont-à-Mousson, où il reçut à vingt ans le diplôme de licencié en droit. Il est mort à Paris le 25 avril 1829, au commencement de sa 88e année, dans l'exercice actif des fonctions de premier président de la Cour de cassation. Le temps l'avait respecté : il avait laissé à son rare esprit sa vigueur entière et tout son agrément ; à son caractère, cette bonhomie et cette finesse qui désarment la malveillance et qui charment l'amitié. C'était, sous la toge, le magistrat par excellence, sûr dans le conseil, ferme dans la décision, au dehors (non sans quelque peu d'accent lorrain, dit un de ses biographes) (1), l'homme du monde et des vives causeries, ayant la gaîté des âmes sereines, avec une pointe de sel gaulois comme tous les esprits de bonne trempe, sans perdre jamais la conscience et le soin de sa dignité. Sa vue seule, qui avait toujours été mauvaise, et que le travail avait fatiguée, s'était affaiblie et perdue avec le temps. Peu de mois avant sa seule et dernière maladie, il prononçait de mémoire trois arrêts de suite en audience solennelle. A la rentrée de 1828, il avait fait à la cour assemblée une allocution sur

---

(1) M. Forgues.

les devoirs des magistrats envers la couronne. La veille de sa mort, il dictait encore, et faisait corriger des épreuves pour l'un de ses livres.

Cette longue et laborieuse existence d'un homme né au milieu du règne de Louis XV, et mort presque à la fin du règne de Charles X, a été contemporaine de bien des événements. Cet esprit, toujours mûr et jamais vieux (1), a reçu les enseignements les plus féconds de l'histoire. M. Henrion a vu les abus de l'ancien régime, et, pour sa part, il y a porté une main courageuse : il a assisté aux transformations successives de la France, cherchant à éclairer des lumières du passé les questions diverses que faisait naître le cours des choses. Déjà sexagénaire, il a dû apprendre nos lois et entrer avec elles dans l'esprit des temps nouveaux. Il le trouvait lé-ger et superficiel. Il n'y a plus de grandes études, disait-il un jour, depuis qu'on a pavé les rues de Paris. C'était remonter trop loin assurément ; c'était nous ramener, par un paradoxe ingénieux et par une hyperbole piquante, à l'obscurité du moyen âge, au chaos de nos vieilles coutumes, à peine fixées. Le savant magistrat s'est montré plus juste et moins exclusif dans ses appré-ciations (2) ; mais sous cette exagération même, on com-

---

(1) Le moyen de ne pas vieillir, c'est de ne pas rester jeune.

Ch. Nodier.

(2) V. la note 4 du chap. XLVIII de la *Compétence des juges de paix.*

prend mieux ce que devaient être en effet le zèle et la persévérance de l'érudition : les soirées n'avaient alors d'autre alternative que les désordres les plus violents, ou le travail compliqué de mille difficultés matérielles ; le monde attendait l'imprimerie ; la capitale attendait les embellissements, la sécurité de la civilisation, ignorant encore les distractions élégantes, les plaisirs faciles et délicats qu'elle offre à l'intelligence et au goût. Cette science encyclopédique, qui plus tard devait se manifester avec tant d'abondance, avec tant de singularité, s'agitait déjà au fond des esprits laborieux et tourmentés.

Avocat au Parlement de Paris, après les quatre années obligatoires d'un stage sérieux, M. Henrion eut besoin d'abord que le temps l'aidât à surmonter les embarras d'un début, à se faire connaître parmi tant d'autres, à dompter les premières difficultés de la carrière, plus brillante à cette époque qu'elle ne l'a jamais été, et loyalement ouverte à toutes les émulations généreuses. Bien posé enfin, sans que le grand jour de l'audience et les séductions d'une parole facile pourtant et encouragée par d'imposants suffrages eussent aidé à son crédit ; devenu, par son propre travail, et non par les enseignements de l'école, un jurisconsulte éminent ; ayant conquis le succès par la patience, et mérité la réputation pour avoir su l'attendre ; consulté par une clientèle importante, spécialement sur les matières féodales, c'est par là surtout qu'il a marqué la première phase de sa vie judiciaire. Il n'a plaidé qu'une seule cause ; c'était en 1770 : il s'agissait d'un nègre qui invoquait notre vieille et grande maxime : il n'y a pas d'esclaves en France. Ce plaidoyer a été imprimé. Il est fort court, mais singulièrement remarquable par l'élévation des sentiments comme par la beauté du style.

En 1769 (1), M. Henrion de Pansey publia l'éloge de Dumoulin, prononcé à la conférence des avocats, et qu'il a réimprimé en 1775, en tête de son Commentaire sur le Traité des fiefs. Ce jurisconsulte, qui a tenu une si grande place dans le XVIe siècle, était, de la part de M. Henrion de Pansey, l'objet d'une prédilection particulière, qui a nécessairement influé sur les tendances de son esprit et sur le choix de ses travaux. Ici, l'homme qui devait vivre et mourir dans le célibat, faute de temps, a-t-il dit, pour trouver une femme (2), et qui aimait à rire, en toute sûreté, des malices de nos vieux conteurs, exalte en phrases sonores les douceurs du mariage. A cette occasion, et ailleurs, il paye un tribut passager à la mode, aux habitudes consacrées d'un style qui prodiguait facilement les grands mots, et parlait, à propos de tout, vertu, nature, sensibilité, simplicité. C'était la couleur du temps, et le barreau en prenait volontiers les allures philosophiques aussi bien que les formes

---

(1) Pour la date de cette publication, V. IIe vol. des *Lettres sur la profession d'avocat*, no 48 (4e édition).

(2) Fontenelle a dit de Newton : « Il ne s'est jamais marié, et » peut-être n'a-t-il pas eu le loisir d'y penser jamais. »

littéraires. Hâtons-nous de dire que ce fut là, pour cet esprit juste et modéré, une faute bien passagère, un entrainement de circonstance. Le Commentaire, comme tous les ouvrages didactiques qui ont suivi, présente constamment les qualités opposées à ces légers défauts ; la sobriété de paroles, la diction simple et ferme du jurisconsulte.

C'est dans cet éloge de Dumoulin que se trouve le portrait de l'avocat, si justement vanté, et que l'auteur aimait à citer comme l'une de ses meilleures inspirations : « Libre des entraves qui captivent les autres hommes, « trop fier pour avoir des protecteurs, trop obscur pour « avoir des protégés, sans esclave et sans maitre, ce serait « l'homme dans sa dignité originelle, si un tel homme « existait encore sur la terre. »

Cinquante-trois ans plus tard (1), M. Henrion de Pansey siégeait à la Cour de cassation, auprès d'un ancien avocat qu'un titre, grand et noble entre tous, avait désigné aux suprèmes honneurs de la première présidence, et que lui-même devait bientôt remplacer (2). Le roi Charles X venait d'appeler d'emblée aux fonctions de conseiller une autre gloire du barreau. M. Desèze recevait le serment de M. Bonnet, et il s'exprimait en ces termes :... « Cette belle profession qui fait de la parole « une si prodigieuse puissance, mais qu'on néglige trop « aujourd'hui, dans laquelle on s'essaie à peine, dont la

---

(1) Février 1826. — (2) En 1828.

« mollesse du siècle redoute trop les fatigues, qu'on se
« hâte de sacrifier à des places, et qui, cependant, lors-
« qu'on l'exerce avec éclat et dignité, devient elle-même
« votre récompense, vous conduit à tous les honneurs,
« vous présente à toutes les gloires (1)... »

N'y a-t-il pas un sujet d'études et de réflexions dans le
rapprochement des paroles de ces deux maitres, l'un
parlant d'indépendance, l'autre parlant de gloire? Au
temps du premier discours, le barreau connaissait les
épreuves du travail, du désintéressement, de la résis-
tance : au temps du second, il avait appris de plus l'éclat
du courage et des sacrifices.

Quand M. Henrion fit paraître son Commentaire sur
le Traité des Fiefs, on se trouvait dans tout le feu de
querelles presque oubliées aujourd'hui, et qui présen-
taient réellement une importance extrême. Le chancelier
Maupeou gouvernait la justice, et il avait déclaré la
guerre aux Parlements, voulant les remplacer par une
magistrature nouvelle. Dédier son œuvre à M. Molé de
Champlâtreux, fils du premier Président, c'était alors
grave et hardi ; car la sédition des souvenirs porte facilement ombrage, et le danger des parallèles trouble
les petits esprits. Le mérite d'une dédicace courageuse
appartient à la mémoire de M. Henrion de Pansey.

---

(1) Cette pensée se retrouve dans Cicéron, *de Off.* lib. II XIV,
*in fine : « Maxima autem et gloria paritur et gratia defensio-
nibus »*

Malheureusement la police voulut se donner un autre mérite, et le conflit amena la suppression de l'épitre dédicatoire, qui est devenue fort rare. Ces circonstances prêtent quelque chose d'ironique et de malséant, s'il est permis de le dire, à l'approbation du censeur. Il regrette que, « par modestie sans doute, le commentateur n'ait « pas donné son propre avis sur les questions. » Le traité et la glose, on le comprend, offrent aujourd'hui quelque intérêt historique : rien de plus. Le système féodal a eu sa raison d'être. Il est mort depuis longtemps, et profon-dément enfoui sous bien des ruines. Il faudrait beaucoup d'audace et de crédulité pour en évoquer le fantôme. Laissant donc de côté tous les détails historiques, nous devons faire observer seulement que M. Henrion de Pansey a enrichi l'ouvrage d'une savante introduction, et qu'il cite volontiers le droit anglais, peu connu à cette époque, et adapté d'ailleurs assez étroitement au sujet de ses annotations. C'est comme un premier pas dans une voie féconde, encore inexplorée alors et à peine connue aujourd'hui : l'étude des législations comparées. Il eût été à désirer que le savant commentateur portât plus loin le parallèle, et qu'il montrât, avec le même point de départ, les différences radicales entre les deux aristocraties dans leur mode d'existence comme dans leur action. L'une a péri, après avoir tout perdu, hormis la bravoure. Un grand vide a marqué sa place ; rien que de factice et de passager ne pourrait désormais la rem-plir. L'autre, violemment attaquée, légèrement affaiblie, sait au besoin rafraîchir sa vigueur et renouveler ses forces; elle a pris le rôle que, non sans obstacles, la royauté se donnait autrefois chez nous, corriger les hasards de la naissance par l'adoption loyale des supériorités intellectuelles; elle entretient l'émulation sans exciter l'envie; on aspire à s'élever jusqu'à son niveau (le but légitime de l'effort humain, c'est de monter), non à la faire descendre. C'est ainsi que son expérience traditionnelle et ses intérêts permanents pèsent encore dans la balance des affaires du pays. Ici, une place fermée, assaillie sans relâche de plusieurs côtés, maladroitement défendue, démantelée peu à peu, enlevée et rasée au niveau du sol. Là, un vaste camp retranché, surveillé avec soin, mais ouvert à tous les auxiliaires, accessible à tous les secours.

Peu de temps après cette publication, Louis XV mourait tristement. Son règne avait trop duré. Le pays et la royauté, entraînés par des courants contraires pour se retrouver un jour aux mêmes écueils, se séparaient de plus en plus. A l'avénement de Louis XVI, la France avait surtout le désir, l'espoir, la volonté des choses honnêtes. M. Henrion de Pansey salua, par un éloge de Mathieu Molé, prononcé à la conférence des avocats (15 janvier 1775), les promesses du nouveau règne, le rappel des anciens parlements, désiré peut-être avec une ardeur trop vive, la satisfaction des avocats, frappés de la même disgrâce, et triomphant du même retour : « L'ordre des « avocats, dit-il avec beaucoup d'élégance et de finesse,

« était enseveli sous les ruines de la magistrature... Les
« uns pleuraient avec amertume sur la perte de leur état,
« les autres peut-être plus amèrement encore sur la né-
« cessité d'en continuer l'exercice. » A ses yeux, le retour
des vrais parlements avait tout sauvé. Beaucoup de gens
le croyaient, surtout dans le monde qui pense et qui
parle, et ne s'apercevaient pas que quelques audacieux
allaient en secret un peu plus loin. C'était en quelque
sorte le commencement de cette longue série de solutions
définitives, proclamées à grand bruit; et qui, par l'expérience souvent fâcheuse, se sont réduites à des expédients
passagers. N'était-ce pas aussi l'un de ces moments
décisifs, dont la Providence livre rarement le secret à la
sagesse humaine, où il eût fallu changer les conditions
du commandement et les formes de l'obéissance? —
L'orateur s'écrie, comme dans un mouvement de sur-
prise : « Et c'est d'un roi que ces bienfaits émanent !
« Citoyen couronné, il sait que ses sujets sont des
« hommes. Il voit dans les hommes ses semblables. Si
« jeune encore ! Il est donc des âmes privilégiées qui
« sortent des mains de la nature tout ce qu'elles doivent
« être. Quel spectacle, Messieurs ! nous voyons se réali-
« ser sous nos yeux cette fiction aussi sublime que tou-
« chante où, sous les traits d'un respectable vieillard, la
« sagesse elle-même environne un prince de son immor-
« telle égide. » Et plus loin, à propos de Mathieu Molé :
« Il est des héros sous l'olive de Thémis, aussi bien que
« sous les lauriers de Mars. » Oh ! j'aime mieux la phrase

vigoureuse du cardinal de Retz, qu'au surplus, l'auteur a lui-même rappelée : « Si ce n'était pas une espèce de « blasphème de dire qu'il y a dans l'Europe un homme « plus courageux que Gustave et le grand Condé, je di- « rais que c'est Molé. » Et, dans ce contraste même se révèle l'état des esprits, la situation politique de la France, à chacune de ces époques : la première, où l'action accompagnait la parole, où la polémique était hardie comme la guerre ; la seconde, où l'opposition, très-vive au fond, et plus redoutable, mais attiédie, comprimée, incertaine dans la forme, s'échappe en saillies piquantes, en parallèles ingénieux, ne dédaignant ni les petites gaîtés de l'épigramme, ni la fadeur des souvenirs mythologiques, et marchant à l'abîme par un chemin dont elle ne voit que les fleurs.

Si nous faisons ces rapprochements, ce n'est pas par un vain esprit de critique, et pour donner capricieuse- ment un démenti à notre titre. L'homme dont nous par- lons est placé dans une sphère plus haute. S'il a pu en descendre un moment jusqu'à des phrases de circon- stance, c'est la faute du siècle, non la sienne : on parle et on écrit dans la langue et avec les tournures de son temps ; on agit selon sa conscience ; les formes passent, le devoir subsiste, et il se rencontre un enseignement utile à faire voir tout ce qu'il y a de mobile et de variable dans les choses extérieures.

Ici, le sujet était grave et imposant. L'orateur s'en est montré digne, quand il rappelle tour à tour Guillaume

Molé, remettant la ville de Troyes à Charles VII, que protégeait Jeanne Darc, Edouard Molé soutenant les droits d'Henri IV, Mathieu Molé grandissant avec les dangers des guerres civiles. — Vingt ans plus tard, la noble famille payait son tribut à l'échafaud. Chacune de ses générations a rajeuni la gloire héréditaire par des services nouveaux. Elle vient de s'éteindre, et ce nom, si grand aux grandes époques de notre histoire, n'appartient plus à personne. La Providence lui donna du moins le rare privilège de survivre par la splendeur morale aux prestiges du pouvoir, de finir dans tout son éclat.

M. Henrion, sous les auspices bienveillants d'une magistrature qu'il avait appris de bonne heure à respecter, continua ses travaux. Il aimait à s'en délasser dans les doux loisirs de la campagne, et une fois par semaine, il recevait ses confrères à Vaugirard. Toute affaire grave était remise au lendemain; défense expresse de parler des ennuis du palais. La journée appartenait sans partage, sous peine d'amende contre les gens trop sérieux, aux libres saillies, aux badinages de l'esprit. Le temps des vacances fut toujours réservé à une retraite plus intime et plus laborieuse, le manoir de Pansey, où il retrouvait un frère digne de lui, M. Henrion de Saint-Amand, qui paraît avoir eu avec le barreau de Nancy des relations d'affaires et de confraternité. Ce séjour a été pour lui le refuge des temps mauvais, l'abri de travaux sérieux, le charme de toute sa vie. L'un des regrets de son extrême vieillesse était de ne plus voir les arbres qu'il avait plantés sur le domaine paternel, et peu de temps avant sa mort, il touchait de ses mains pieuses les témoins presque séculaires de ses jeunes années.

En 1775, il publia son mémoire pour Mercier. Qui connait Mercier aujourd'hui? Et pourtant sa célébrité dramatique était grande alors. Il s'agissait de démêlés avec le théâtre français, d'une pièce reçue et non jouée, de procédés offensants : il s'agissait, bien plus encore, d'une question de propriété intellectuelle. « La propriété, » s'écrie l'avocat, quel feu ce mot sacré porte dans l'âme » de tous les vrais citoyens! La justice, la vérité, la » gloire, toutes les vertus ont eu des temples. Un seul a » été oublié. Ce serait le plus auguste de tous. La charte » de la propriété serait déposée sur l'autel. La patrie la » présenterait sans cesse à ceux qui sont destinés à gou- » verner ses enfants. Les rois justes seraient les pontifes » du temple, et ce sacerdoce ne serait pas la seconde de » leurs dignités. »

N'y a-t-il pas ici, pour le faire observer en passant, une imitation évidente de Thomas? Les remarques litté- raires sont d'autant plus permises à l'égard de M. Henrion de Pansey, qu'il a toujours cultivé les lettres avec amour. Laharpe a loué son style. Dans ses loisirs forcés ou vo- lontaires, on le voit occupé à écrire pour la *Galerie Française* un éloge de l'abbé Pluche, auteur du *Spectacle de la Nature*. Il préparait aussi un éloge du maréchal de Lowendahl, qui est resté inédit.

L'affaire qui établit surtout la réputation de M. Henrion

de Pansey, comme avocat consultant, fut celle de la famille de Rennepont contre plusieurs communes. Dans cette cause difficile, il publia un mémoire qui répandait les plus vives lumières sur des questions obscures de triage et de cantonnement. Ce mémoire obtint un succès prodigieux.

C'est aussi comme le plus savant de nos feudistes que M. Henrion de Pansey fut chargé de rédiger, pour l'ancien répertoire de jurisprudence, tous les articles relatifs aux fiefs (1).

Il commença la publication d'un vaste recueil, sous le titre de *Dissertations féodales*. La plupart des décisions avaient été délibérées avec ses confrères, et, comme il le dit dans son avertissement avec une modestie spirituelle : « A l'exception des erreurs, ce qui m'appartient exclusivement se réduit à peu de chose. » Les deux premiers volumes, qui ne sont pas la moitié de l'ouvrage, devenu inutile avant d'être complet, furent annoncés par les journaux la veille même du jour où l'Assemblée constituante abolit la féodalité. Depuis longtemps déchue avant sa chute définitive, et « semblable à un manteau que « chaque heure raccourcit (2), » elle s'était faite roturière (3); ayant perdu sa vigueur et son prestige, et

---

(1) V. notamment l'aticle : Loi de Beaumont.
(2) Dante, *Parad.* C. XVI, V. 7.
(3) *Dissertations Féodales*, Vº Franc-fief.

gardant ses abus que d'autres abus devaient bientôt remplacer.

Trente-six ans plus tard, nous retrouverons l'auteur, par un sentiment délicat de reconnaissance, fidèle, dans sa fortune renaissante et agrandie, à l'éditeur de ses premiers ouvrages. Pour lui, comme pour tous ceux qui réussissent, les commencements avaient eu leurs aspérités.

M. Henrion de Pansey quitta Paris à l'approche des crises révolutionnaires, après vingt-sept ans de travaux au barreau, d'abord obscurs et difficiles, puis brillants et lucratifs. Dans notre ciel, radieux naguère de tant d'espérances, sa pensée avait entrevu les tempêtes prochaines. Libre de tout devoir public, deshérité d'une partie notable de sa clientèle, blessé dans ses vieilles affections parlementaires, effrayé, et qui sait? suspect peut-être d'aristocratie, par cela seul que, tout en la flétrissant d'un blâme énergique, il avait écrit sur la Féodalité, le savant jurisconsulte voulait, comme le sage de Pythagore, au milieu des bruits de l'orage, adorer l'écho dans la solitude « cet élément des bons esprits. » Les défauts de la Constitution de 1791 l'avaient singulièrement frappé, et les livres qu'il a publiés dans la suite ont gardé le témoignage de cette impression (1). Dès lors la révolution

---

(1) ... Notre assemblée, dite Constituante, croyant établir une monarchie qu'elle appelait Constitutionnelle, posait les bases d'une véritable république. *Autorité judiciaire.* Ch. IX.

Cette constitution ne fut pas soumise à l'épreuve du temps. A

ne fut plus seulement la réforme des abus qu'il avait lui-même attaqués et flétris, le rajeunissement de notre droit public qu'il comprenait et défendait si bien, le changement nécessaire de notre législation, « assemblage bizarre « de lambeaux gothiques et disparates, » selon ses propres expressions (1), et dont la diversité, comme on l'a dit plus tard au Tribunat (2), accusait la raison humaine. M. Henrion y vit aussi, avec une juste douleur, le dangereux affaiblissement de l'autorité royale, amoindrie, énervée, puis gravement compromise dans la personne du monarque par les incertitudes de sa conscience et les défaillances de sa volonté : ce qu'il voulut toujours, c'est une autorité libre et vigoureuse dans une action sagement limitée. La force n'est pas le principe du pouvoir : elle en est la condition.

Retiré sur ses propriétés, près de son lieu natal, M. Henrion de Pansey y séjourna quelque temps, entouré de l'estime publique, rendant service autant qu'il le pouvait, occupé à défendre avec succès contre les menaces de confiscation le patrimoine d'une noble famille, dont elle avait fait le bien des pauvres, au demeurant circonspect dans sa conduite, payant sa tranquillité en bons

---

peine avait-elle un an d'existence que les principes de dissolution qu'elle renfermait se développèrent tout à coup, et firent cette terrible explosion, dont les suites furent si funestes, et dont la France aura si longtemps à gémir et à rougir. Id. Ch. XXIX. -

(1) *Eloge de Dumoulin.*

(2) M. Jaubert.

conseils à tous les partis, et bientôt, malgré ses répu-
gnances, par un concours actif à l'administration du département. Il fut, pendant neuf mois, de l'an III à l'an IV,
procureur syndic du district de Joinville, puis, après la
suppression des Directoires de district, membre de l'administration départementale de la Haute-Marne, et, dès
l'année suivante, président de celle-ci par le choix de ses
collègues. J'emprunte à l'un de ses biographes (1) une
anecdote assez curieuse : « Le Ministre de l'Intérieur lui
« demanda un jour des renseignements sur la conduite
« et les opinions des principaux habitants du départe-
« ment, afin, disait la circulaire ministérielle, que je
« sache à quel degré de mon échelle politique je dois les
« placer. M. Henrion répondit : je n'ai que de bons ren-
« seignements à donner sur la conduite et les opinions
« de nos administrés. Vous pouvez les placer tous au pre-
« mier degré de votre échelle politique. — Il y avait une
« grande leçon dans cette légère ironie. On a vu plus
« d'exemples de pareilles circulaires que de pareilles
« réponses. »

Le gouvernement créait alors les écoles centrales, et
M. Henrion de Pansey assista officiellement, le 18 floréal
an V, à l'inauguration de celle de Chaumont (2). Dans
l'enseignement renouvelé, dans cet essai transitoire,

---

(1) M. Rozet, page 19.
(2) Renseignements donnés par M. A. Deaudouin, archiviste de
la Haute-Marne.

figurait une chaire de législation. Elle resta deux ans vacante à l'école centrale de la Haute-Marne. Enfin, M. Henrion, sans doute par condescendance aux désirs de ses collègues, se chargea du cours qui rentrait si bien dans ses goûts et dans les habitudes de sa vie, assez long-temps occupée de répétitions et de conférences, et il en fit l'ouverture, le 1er prairial an VII. Onze mois après, il fut élu par le Sénat juge au Tribunal de cassation (1); au moment même où il venait d'être désigné par la classe des sciences morales et politiques de l'Institut pour une place d'associé non résident. Ses élèves, et l'on ne saurait dire s'il en eut un grand nombre, n'ont point paru aux exercices publics. La première fois, le cours avait com-mencé trop tard : la seconde, il avait été interrompu trop tôt. Il en reste un programme assez étrange : c'est celui d'une véritable encyclopédie. Le professeur auquel il fut imposé avait trop d'intelligence et de bon sens pour le prendre au sérieux. Ce programme, pour un seul profes-seur, des élèves bien jeunes encore, et un temps res-treint, renferme beaucoup plus que tout l'enseignement de nos Facultés de droit (2).

M. Henrion de Pansey se fit une grande place à la

---

(1) 18 germinal an VIII.

(2) « Le Professeur de législation, remontant à l'origine des » Sociétés, expliquera d'abord comment les peuples, conduits par » la nécessité, se sont mis d'eux-mêmes sous le joug des lois.

» Il donnera ensuite des notions succinctes sur les différentes

cour de Cassation, où il montra toujours par son exemple la vérité du principe qu'il a posé lui-même : « Les bons « jugements dépendent encore plus des bons juges que « des bonnes lois (1) ». Il fut nommé président de chambre, de section, comme on disait alors, au mois de mars 1809. Napoléon le connut assez tard, et témoigna vivement le regret de ne l'avoir pas connu plus tôt. Au lendemain du 18 brumaire, il avait dit : « Je ne demande « que des gens d'esprit : je me charge du reste (2) ».

» espèces de lois, base de l'ordre social, telles que lois politiques » ou fondamentales, lois civiles et criminelles, lois de police.

» Les principes du droit naturel, du droit des gens et du droit » public, qui fixent les rapports et les devoirs des nations entre » elles, comme la morale détermine ceux des individus ; ces prin- » cipes seront exposés avec le plus de précision et de clarté » possible. On traitera des gouvernements libres et de ceux qui » ne le sont pas ; on indiquera les moyens qu'ont employés les » peuples pour conserver leur liberté menacée, ou recouvrer leur » liberté perdue. On présentera l'esquisse des principales consti- » tutions libres du monde, et la nôtre surtout.

» Les éléments de l'Economie politique, comme la théorie de » l'impôt, les principes du commerce, les monnaies, le change, » les subsistances, trouveront aussi leur place dans le cours de » législation ; mais c'est à donner à ses élèves la connaissance » détaillée des lois françaises que s'attachera principalement le » professeur... »

(1) *Des assemblées nationales en France.* Ch. XIII. — « Les bons » juges sont encore plus nécessaires que les bonnes lois. » Ré- ception de M. Mestadier, 22 novembre 1826.

(2) Rœderer. *OEuvres,* tome III, p. 306, *note.*

A ce titre, à plusieurs autres encore, M. Henrion de Pansey aurait dû lui être nommé et présenté l'un des premiers. Bien des années s'écoulèrent néanmoins. Appelé un jour à Trianon, et consulté en conseil privé sur un point important de législation, M. Henrion de Pansey eut la hardiesse d'émettre un avis contraire à celui du maître, et le talent de ramener au sien cette haute intelligence. Alors le Conseil, soudainement éclairé, changea d'opinion. A la suite de cette conférence, M. Henrion de Pansey reçut le brevet de Conseiller d'Etat en service extraordinaire, avec des ménagements gracieux qui en doublaient le prix, avec toutes les concessions qui pouvaient consoler l'infirmité de sa vue et flatter les goûts de sa vieillesse : la dispense des rapports écrits, une saison aux eaux de Plombières, où l'on garde encore son souvenir, et les vacances à Pansey. L'Empereur aimait à le voir, et goûtait ses vives réparties. Il avait accepté son indépendance en faveur de son esprit ; le président pouvait le contredire sans lui déplaire. Ayant été pressenti par ses ordres sur les dispositions, la décision probable de la Chambre des requêtes dans un procès qui intéressait gravement le fisc, et auquel le Gouvernement attachait une grande importance, il annonça que le fisc perdrait son procès ; comme on insistait, en lui demandant ce qu'il fallait répondre : « Dites à l'Empereur, répondit-il, qu'une « perte de plusieurs millions vaut mieux pour le Gou- « vernement qu'une injustice de la Cour. » C'est là, comme on voit, le type simple et sans prétention de cette

répartie célèbre, qui a pris la forme d'un vers pour se
graver mieux dans toutes les mémoires, et pour se déta-
cher plus nettement sur la prose des harangues, et qu'on
a répétée tant de fois, comme flatterie ou comme me-
nace, qu'elle serait presque usée aujourd'hui si les choses
honnêtes devaient l'être jamais, même par l'abus qu'on
en peut faire.

Péu de temps après, M. Henrion de Pansey reçut le
titre de baron, et plus tard, en 1813, la croix d'officier
de la Légion-d'honneur. Il avait été compris, lors de la
création de l'ordre, dans une des premières promotions.

Dès 1805, il avait publié le traité de la *Compétence des
juges de paix*, qui obtint tout d'abord les honneurs de
la traduction en italien et en allemand, afin que les peuples réunis à la France par le fait passager de la conquête,
pussent apprendre ses lois qu'ils n'ont pas oubliées, et
qui, aujourd'hui encore, les rattachent aux destins de
leur ancienne métropole. La première édition ne portait
pas le nom de l'auteur. Voulait-il que son traité, aussi
modeste et beaucoup plus savant que l'institution elle-
même, fît tout seul son chemin? Voulait-il, sans y mêler
son importance personnelle et l'autorité de ses fonctions,
interroger l'opinion publique, médiocrement occupée
des choses judiciaires? A vrai dire, c'était comme un
vieux livre sur un sujet jeune. Quoi qu'il en soit, un de
ses collègues (1) soupçonna l'auteur à la profondeur

---

(1) M. Rupérou.

même des premiers aperçus, le devina presque à la
dignité soutenue, à la gravité discrète du style, et recon-
nut enfin, dans une des notes (1), le fonds d'une con-
versation sur les auteurs de droit et les jurisconsultes,
distinction fort juste, un peu sévère dans l'application, à
laquelle le président tenait singulièrement, en homme de
l'ancien droit, en vrai maître de la jurisprudence, et voulant toujours remonter aux sources. Il arrivait ainsi à la
pratique, non par les sentiers battus de la routine, mais
par le chemin difficile et sûr de la science.

Cette institution des juges de paix, transportée d'An-
gleterre en France, et qui, dans son établissement même,
et surtout par la force des choses au sein d'un pays
démocratique, changeant et progressif, ne ressemble
guère à son premier modèle, déjà vieux de plusieurs
siècles (2), cette justice nouvelle et inconnue, marchait
en quelque sorte au hasard. Les magistrats incertains
s'égaraient dans le cercle d'une compétence mal définie.
La confiance publique, déçue dans son attente par l'in-
suffisance des premiers essais et la mobilité des premiers
choix, avait besoin d'être encouragée. Ce beau travail
servit à faire comprendre l'importance de la justice de
paix, au temps même où elle se réorganisait d'après des
règles meilleures, et neuf éditions en ont constaté le succès (3). Comme il n'a pas la prétention d'être un manuel

---

(1) Chap. XLVIII.
(2) 1273. — *De la compétence des juges de paix.* Ch. I.
(3) La 2ᵉ édition parut en 1812, avec le nom de l'auteur.

destiné à rendre la science facile et vulgaire, un recueil de formules, mais un traité, on doit lui pardonner l'érudition et la profondeur. Il manque même, jusqu'à un point, de méthode; et pour être compris, il demande des études sérieuses. Depuis ce temps, les choses ont marché. Les attributions de cette magistrature secondaire et amovible ont reçu bien des extensions, et l'on pourrait se demander si toutes ont été également heureuses. D'autres livres ont paru, non sans mérite bien certainement. On s'est fait une pratique moins savante et plus familière, mais le premier maître ne doit pas être oublié, et il est, en quelque sorte, le trait d'union entre deux époques. Le fond a changé; les méthodes aussi. La mémoire a connu des secours ingénieux, des procédés presque mécaniques. L'étude du droit n'en restera pas moins ardue et pénible. Là, comme ailleurs, on peut dégager le but, le montrer plus clairement à tous les regards, le rapprocher en quelque sorte; mais nulle main, si habile et si forte qu'elle soit, n'enlèvera toutes les pierres du chemin. L'esprit humain a besoin de difficultés, non-seulement afin de garder le mérite de ses œuvres, mais aussi pour accroître, en les exerçant, la vigueur et la patience de l'ouvrier.

Si le Traité de l'autorité judiciaire a paru pour la première fois en 1810, vers l'époque où les cours impériales devaient s'organiser sur de larges bases, avec la perspective lointaine de la plus essentielle de leurs garanties, c'est, à vrai dire, en 1826, en pleine paix, sous un gouvernement différent d'origine, de principes et de formes, qu'il a reçu ses développements, et c'est à ce point de vue qu'il doit être étudié. Il se compose de deux parties bien distinctes, ou plutôt cette division se retrouve presque dans chaque chapitre : l'histoire, rapidement exposée, de nos institutions judiciaires, de nos anciennes justices, et la partie dogmatique où se manifeste la pensée de l'auteur. Dans l'une, nous voyons la transition de nos lois Frankes qui ne connaissaient que deux crimes capitaux (on noyait les traîtres, et on pendait les poltrons), aux justices seigneuriales, puis à la justice du roi ; le pouvoir judiciaire, d'abord une délégation temporaire, ensuite, de par Louis XI (1), une fonction inamovible que la forfaiture seule faisait perdre, que la maladie et la vieillesse n'empêchaient pas de conserver ; enfin, par un abus longtemps secret et désavoué, par un odieux privilége de la fortune et de la naissance, une charge achetée à prix d'argent, non sans conditions pourtant, et du moins aussi inviolable que la propriété elle-même. Dans l'autre partie, l'auteur a rappelé sommairement tout ce qui tient aux principes généraux et aux règles pratiques de l'administration de la justice, au serment des juges qui ne les oblige, ni contre le droit naturel, ni contre le droit divin, aux divers ordres de juridiction, « chose sacrée, » à l'indépendance du pouvoir temporel, politique ou judiciaire. Il signale les émi-

____

(1) Edit du 22 octobre 1467.

nents services rendus au pays par l'établissement du ministère public, si habilement substitué aux témérités ou aux faiblesses de l'accusation privée. La théorie épineuse des conflits est exposée avec la sagesse d'un homme qui a fréquenté le palais de justice et le Conseil d'Etat, qui connaît les deux faces de la question (1). Le résumé de ce traité, c'est la belle pensée exprimée dans le préambule de l'ordonnance de 1455, et que l'auteur a choisie pour épigraphe : « Les royaumes, sans bon ordre de « justice, ne peuvent avoir durée, ne fermeté aucune. » Cette partie de notre histoire nous offre un grand spectacle, même en faisant d'une main impartiale la part humaine des fautes et des erreurs, de l'aveuglement et de la passion, même en jugeant avec sévérité les hommes qui ont pu associer leur nom à de mauvais souvenirs ; on aime à contempler cette vieille magistrature qui, « sous le pouvoir absolu, conservait dans son indépen- « dance l'image de la liberté (2) », à se représenter par la pensée nos parlements voués au culte du droit, qui, pour montrer aux yeux du peuple, par un signe exté- rieur, la majesté de la couronne et la perpétuité de la justice, ne portaient jamais le deuil, même aux obsèques royales (3).

---

(1) M. Henrion de Pansey a fait partie en 1828 de la commis- sion chargée de préparer l'ordonnance sur les conflits.

(2) M. Villemain, *Vie de l'Hôpital.* — (3) *Lettres d'Et. Pas- quier*, livre VI. Lettre I.

Ainsi s'écoulaient les jours du vénérable magistrat, tandis que la guerre retentissait, bien loin d'abord, aux extrémités de l'Europe, où le génie des conquêtes avait conduit nos soldats, puis, après des revers successifs trop faciles à prévoir et trop tard prévus, aux portes même de la capitale effrayée.

Quand l'empire s'écroula, quand le pays, ramené violemment à la paix par les changements de la fortune, allait demander à l'ancienne royauté un appui pour les intérêts nouveaux, que Louis XVIII cherchait « à renouer « la chaîne des temps », préparant ainsi pour un prochain avenir, sous le poids même de nos revers, et malgré des fautes peut-être inévitables, une assez longue prospérité ; à cette époque de transition et de transaction, le gouvernement provisoire confia momentanément à M. Henrion de Pansey le portefeuille de la justice. Nulle réaction mauvaise n'a marqué son court passage. Il s'empressa de supprimer les juridictions exceptionnelles qu'il avait maudites quarante ans plus tôt (1), de rendre un public hommage à deux magistrats courageux, vieillis dans la disgrâce pour avoir voté selon leur conscience dans un procès tristement célèbre, enfin, de faire cesser les atteintes portées à la liberté des citoyens. Il avait dit aux employés de son ministère, et il tint parole : « Je ne « m'attends pas à rester assez longtemps avec vous pour « vous faire du bien ; mais au moins soyez sûrs que je « ne vous ferai pas de mal. »

---

(1) *Mémoire pour Mercier.*

Nommé chef du Conseil de la maison d'Orléans, où il fut constamment honoré d'une profonde estime, d'une confiance à la fois respectueuse et familière, maintenu dans sa présidence par l'institution royale, Conseiller d'Etat en service extraordinaire, commandeur de la Légion-d'honneur (1), M. Henrion de Pansey sut accomplir tous ses devoirs avec une conscience scrupuleuse et une intelligence élevée, en préservant des préoccupations politiques l'indépendance de son caractère, aussi bien que le repos de ses vieux jours. Il se mit à revoir ses anciens ouvrages, à préparer des publications nouvelles. En 1814, et peut-être sous les premières impressions que faisaient naître de brusques changements, il avait publié une courte brochure sur le jury. En 1816, il fit paraître un petit livre sur les *Pairs de France ;* en 1818, la réimpression avec des additions considérables de son beau traité de l'*Autorité judiciaire en France,* dont le chapitre XX contient ses idées relativement à l'institution du jury ; en 1822, le traité du *Pouvoir municipal et des biens communaux* (dont il a fait en 1824 deux ouvrages distincts) ; en 1826, les *Assemblées nationales.*

Cette recherche n'est point ici une curiosité bibliographique : c'est presque un résumé de nos annales constitutionnelles, et comme la perspective d'un passé lointain. Les cabinets étaient sujets aux changements : les tendances du pouvoir avaient leurs progrès et leurs re-

---

(1) 22 mai 1825.

tours; le pays, ses espérances et ses inquiétudes; de part
et d'autre, la confiance a manqué plus d'une fois : l'opinion publique, alors vivante, était souvent agitée, quelquefois injuste. Tel chapitre, qui peut se lire aujourd'hui
comme l'exposé d'une théorie, ou comme un fragment
d'histoire, présentait alors bien souvent le courage d'une
innovation, le mérite d'un bon conseil, ou même l'attrait
mystérieux d'une prophétie. On y remarque cette con-
viction profonde, plusieurs fois exprimée dans les mêmes
termes, « qu'une autorité sans limites est une autorité
« sans appui (1) ».

Aux époques où furent publiées les deux éditions du
Pouvoir municipal, le gouvernement, pressé par l'opinion, se préparait, non sans des retards calculés et de
sourdes résistances, à organiser dans les systèmes du
temps, le département et la commune. Il fallait en faire,
non plus de petits états, mais de grandes familles. Les garanties électorales reposaient sur le principe fondamental
des sociétés régulières : la Propriété. C'est là en effet le
point de départ de l'auteur, et c'est une chose à la fois
curieuse et triste que la lecture des premiers chapitres. En

---

(1) *Des Assemblées nationales en France.* Ch. III. (Philippe-
le-Bel. — Origine des États-Généraux. 1285-1314.)

Du pouvoir municipal. L. I. Ch. II.

Discours pour la rentrée de la Cour de cassation. 5 novembre
1828.

V. aussi *De l'Autorité judiciaire en France,* chap. I.

voyant avec quelles instances le vénérable magistrat, le patriarche du droit, recommande l'union entre toutes les classes qui possèdent et qui ont quelque chose à perdre, en consultant les sombres pronostics qu'il tire de leurs dissensions possibles (1), on ne se trouve pas seulement dans le passé, mais au milieu de réalités presque présentes. Le livre a trente ans : il a vécu pendant plus d'une génération (2), et l'on croirait qu'il a été écrit hier.—Nous avons entrepris l'éloge de l'auteur, non l'analyse de ses ouvrages : nous ne devons les juger qu'en passant, ou plutôt nous cherchons à rappeler les jugements que l'opinion publique en a portés, et qu'il serait aisé d'expliquer, de justifier, non sans réserve toutefois, par de nombreuses citations (3).

Il nous semble que M. Henrion de Pansey, historien du *pouvoir municipal* et de la *féodalité*, aurait facilement trouvé dans le rapprochement des faits nés de ce double état de choses, des études curieuses et d'utiles enseignements. Quand les paysans exclus de la propriété et dominés, opprimés par les seigneurs, se ruaient dans la révolte et dans les excès, les villes habitées par les seules

---

(1) ... Les notabilités anciennes et les notabilités nouvelles se feraient illusion, si elles se flattaient de pouvoir séparément, et par les seules forces propres à chacune d'elles, triompher de la démagogie. Liv. I. Ch. II.

(2) *Grande mortalis œvi spatium.* TACITE.

(3) V. notamment liv. I. Ch. I.

populations qui, en dehors de la noblesse, possédassent alors quelque chose, donnaient aux campagnes l'exemple des bonnes mœurs, et d'une tranquillité conquise au prix de longs efforts. Les arts, l'industrie, le commerce s'y étaient réfugiés, et luttaient contre la barbarie des temps. La civilisation moderne est sortie des communes. Quand la terre, bien longtemps avant 1789, est devenue accessible aux paysans (1), les campagnes ont changé d'habitudes et de mœurs. Elles avaient la paix ; l'agitation s'était retirée au sein des villes. Ailleurs que dans un travail biographique, nous pourrions rechercher si la situation reste la même, ou tend à se modifier, et dans quel sens, et quelles singulières alternatives semblent régir l'esprit humain. Ce que nous voulions faire remarquer, c'est qu'il y avait là un grand sujet d'études, même pour le temps où il a écrit, et M. Henrion de Pansey, qui tenait les deux termes de la comparaison, aurait pu, mieux que personne, en déduire les conséquences.

C'est en 1826 que parut l'ouvrage sur les assemblées nationales en France. L'un de ses mérites est d'avoir contribué à rouvrir le chemin, à éveiller l'attention sur les vieilles libertés françaises, sur le concours du pays à ses propres affaires. Depuis ce temps, d'autres ont su davantage et mieux, sans ôter à leurs devanciers le mérite de l'initiative. Des recherches savantes, des œuvres de conscience et d'érudition ont été encouragées par des

---

(1) *Gens dura experiensque laborum.*

récompenses (1). De patientes investigations ont parcouru de vastes espaces, parfois stériles, car, suivant le mot de Bacon, les temps, comme les pays, ont leurs déserts et leurs solitudes (2). C'est ainsi que du sol de l'ancienne France, creusé plus profondément, ont jailli des sources fécondes, et que l'on a retrouvé, sous une noble poussière, des monuments presque oubliés.

Le Président n'a pas compris dans son travail tous les États généraux tenus en France. Il paraît s'être attaché aux plus importants, peut-être à ceux qu'il connaissait le mieux. La souveraineté temporelle des rois, les garanties du droit public, et surtout l'octroi des subsides, telles ont été leurs occupations constantes. Les améliorations étaient toujours promises, souvent ajournées, et selon l'énergique et singulière expression de Pasquier (3), « Quelques bonnes ordonnances que l'on fasse pour la » réformation générale, ce sont de belles tapisseries qui » servent seulement de parade à une postérité. » La série des États-généraux s'arrête pour M. Henrion de Pansey à 1614. Il n'a parlé ni de ceux de Rouen en 1617, ni de ceux de Paris en 1626, qui, en effet, eurent à peine quelques jours d'existence, et ne produisirent aucun ré-

---

(1) V. notamment l'ouvrage de M. Rathery, couronné par l'Académie des sciences morales et politiques (*Histoire des États généraux*, 1845).

(2) *Ut regionum, ita et temporum sunt eremi et vastitates.*

(3) *Recherches sur la France*, liv. II. Ch. VII.

sultat. L'idée survécut à la réalité ; mais bien des causes diverses devaient déconcerter les projets ultérieurs, et réduire les espérances à de vaines tentatives. Ce fut d'abord le progrès de l'autorité monarchique : elle voulait voir dans les Etats généraux « un corps de plaignants et « remontrants (1) », rien de plus. Ce fut ensuite l'affaiblissement de la noblesse, mutilée aux grandes batailles nationales, suspecte à Louis XI, et traitée comme telle, successivement entrainée aux révoltes, divisée par la réforme, décimée par les édits de Richelieu, amollie et corrompue aux assujétissements de la cour, partagée entre le commandement et la servitude, descendue de l'orgueil à la vanité, ruinée par l'insouciance et le désordre, toujours avancée dans les périls que sa valeur allait demander à tous les combats, même à ceux de la guerre civile ou des guerres privées, toujours retardée dans l'expérience. Ce furent enfin, acceptées tour à tour et combattues par le pouvoir, les prétentions parlementaires où l'esprit de corps gâtait quelquefois l'amour du bien, et, surtout à la longue, l'indifférence publique, facilement satisfaite d'une sécurité viagère. Le Cardinal de Retz écrivait au sujet de la Fronde : « En s'éveillant, on cher-« cha, comme à tâtons, les lois ; on ne les trouva plus. » Nos rois, délivrés de la contradiction et dispensés de la prévoyance, marchaient à grands pas vers l'abime. Oh !

---

(1) Saint-Simon.

c'est que l'axiôme romain, *vigilantibus jura subveniunt,* n'est pas seulement un dicton du droit civil : il s'applique, et bien plus peut-être, aux garanties du droit public. En relisant nos chroniques et l'histoire, assez confuse, des premières communes, en étudiant cet ensemble, et particulièrement ce tiers état, qui a constamment été quelque chose, jusqu'à ce qu'il devînt tout, cette bourgeoisie, toujours assez libérale au fond, excepté à l'endroit des impôts, dont elle payait nécessairement sa grande part, susceptible à l'excès, trop souvent envieuse et jalouse, on trouve que nous sommes bien modestes, pour ne rien dire de plus, en parlant seulement de nos pères : nous pourrions invoquer de lointains aïeux, et dans notre France, il faut remonter haut pour trouver l'enfance de la liberté.

Au milieu de ses occupations, M. Henrion de Pansey ne sentit pas venir la vieillesse. Les devoirs et les études suivaient leur train accoutumé. Le recueillement et la méditation fécondaient les trésors de sa mémoire. Il lisait par les yeux d'autrui, et vivant dans un commerce plus assidu que varié avec des auteurs de son choix, il aimait à recommencer ses lectures. Nos classiques et nos écrivains du vieux langage « lui souriaient toujours d'une « fraiche nouveauté (1). » Il ignorait peu de choses, et ne savait rien à demi. Un jour, par exemple, il accepta

---

(1) *Lettre d'Henri IV à Marie de Médicis.* 3 septembre 1601.

le défi de faire immédiatement, sans préparation, l'histoire de tous les ordres religieux qui avaient existé en
France. Trop souvent, quand l'âge vient, les infirmités
nous séparent du monde, ou les déceptions nous en éloi-
gnent. On voyait, au contraire, se presser autour de lui
les hommes les plus distingués d'une époque remarquable,
et son esprit, en éclairant celui des autres, s'éclairait
lui-même par cet heureux échange de paroles et de pensées. Les charmes d'une intimité spirituelle et affectueuse
animaient ses loisirs. Malade depuis quatre mois, ayant
subi gaiment une opération douloureuse, il fut surpris
par la mort au moment où un dernier rayon d'espoir
venait rassurer ses amis. Jusqu'au dernier jour, le travail
avait éloigné de lui les pensées funèbres comme, durant
sa vie, il avait éloigné les projets ambitieux. Ainsi, quand
on était venu, quinze mois auparavant, lui annoncer, dans
sa maison de Vaugirard, où il passait, avec tant de plai-
sir, les jours de liberté, sa nomination à la première
présidence : « On aurait bien dû, dit-il, attendre mon
» retour ; j'aurais travaillé une heure de plus. »

Tel a été, dans sa vie et dans ses ouvrages, M. Henrion
de-Pansey né, pour ainsi dire, historien et magistrat par
son tempérament même et par l'équilibre de ses facultés,
ayant le jugement sain, l'esprit vif, toujours bien éclairé,
jamais prévenu, la réflexion dans la promptitude, défen-
seur zélé, intelligent, parfois un peu jaloux des franchises
municipales, patron infatigable des intérêts communaux,
prenant volontiers par les beaux côtés les vieilles traditions

parlementaires, et de là conduit aux choses modernes de manière à les comprendre mieux que personne, mais sans oublier sa route ni ses guides, sans abdiquer jamais les souvenirs et les prédilections de sa jeunesse, aimant avec une connaissance parfaite les vérités d'autrefois, sans hostilité et même sans défiance à l'égard des vérités manifestées plus tard. A travers nos agitations incessantes, nos rapides changements, on a pu voir en lui à la fois l'homme des temps antiques par la sagesse, l'homme du vieux temps par les habitudes. Ses dispositions libérales, doucement progressives, le faisaient l'homme de son siècle; il était de tous les âges par le bon sens et l'intelligence. Persuadé qu'il n'y a pas de bonté absolue dans les gouvernements (1), et agissant en conséquence, il savait les affaires publiques, et s'en éloignait volontiers. Combien peu d'hommes s'élèvent ainsi par leur propre valeur, en dehors de toutes fonctions politiques, n'empruntant rien au hasard des événements, et aussi n'ayant rien à en craindre, n'ayant pas à traîner dans cette vie passagère la chaine de leurs espérances trompées, comme parle Bossuet! Notre temps a déjà trop d'exemples de renommées aléatoires, de mérites d'occasion. Faudrait-il cependant louer sans restriction une réserve qui ressemblerait presque à de l'indifférence? Le pays ne peut-il pas y regretter quelque chose, et d'un autre côté, l'homme n'y

______

(1) *Des Pairs de France.* Ch. VI.
De l'Autorité judiciaire. Introduction. § I.

aurait-il rien perdu? Dans les entrainements de la vie
politique, combien ont failli? Combien, même parmi les
plus honnêtes, se sont trompés d'heure ou de chemin?
— Après tout, il y a diverses manières de servir la patrie et l'humanité : le bien commun s'accomplit par la
diversité même des qualités et des vocations. — Les bons
livres restent ; les bons conseils se retrouvent. L'ordre par
les lois, l'amour du droit, le culte pur de la justice ont leur
valeur ; ils semblent grandir dans les orages par la majesté de leur isolement. M. Henrion de Pansey fut juste
et laborieux. La loi du travail a dominé son existence avec
l'autorité d'un devoir et la douceur d'une habitude. Il a
montré, dans sa longue présidence, l'impartialité la plus
délicate, le respect le plus scrupuleux pour l'opinion
d'autrui. Patient avec tout le monde, doux envers les
plaideurs, bienveillant pour ses collègues, gardant une
affection fidèle au barreau, qui avait commencé sa gloire
et sa fortune, magistrat enfin, et, pour le résumer en un
mot, prètre de la justice (1), il sépara sa vie extérieure
de la politique. Si le portefeuille d'un ministère s'est
trouvé en dépôt dans ses mains pendant quarante-cinq
jours, c'est précisément parce qu'il n'avait d'engage-
ments avec aucun parti, et, depuis cette époque, qui l'a-
vait mis momentanément en évidence, quatorze années
s'écoulèrent jusqu'au jour où les électeurs de la Seine,

____

(1) *Sacerdos juris.*

et ses compatriotes de la Meuse eurent la pensée de le choisir pour Député. Sa verte vieillesse eût été mieux placée à la chambre des Pairs. Au surplus, il déclina sagement cette tardive candidature, « passe encore, disait-il, si je « n'avais que quatre-vingts ans. » Aucun nuage n'a voilé le soleil de son automne : nul souffle mauvais n'a traversé le calme de ses derniers jours : chez lui la vie s'est éteinte par sa durée même (1). Il continua ses travaux, et garda ses longues habitudes, ayant toujours préféré la causerie à la parole, l'étude à la discussion, le cabinet à l'audience, cherchant un peu la phrase dans ses premières œuvres oratoires, selon l'usage du temps ; dans ses traités dogmatiques, simple sans sécheresse, correct sans prétention, toujours occupé à soigner son style et ses livres, et comme il arrive aux vieillards, se répétant volontiers, non par affaiblissement de mémoire, mais par expérience acquise, ayant vu que les meilleures vérités n'entrent pas du premier coup dans les cerveaux humains, et qu'il y faut la persévérance autant que la vigueur. M. Henrion de Pansey appartenait à cette classe trop peu nombreuse d'hommes forts et prudents, qui ont vécu au milieu des révolutions, terrible foyer de doutes et d'incertitudes, où la sagesse même vulgaire, devient moins facile et plus

---

(1) *Semper enim in his studiis laboribusque viventi non intelligitur, quandò obrepat senectus. Ita sensim sine sensu ætas senescit ; nec subitò frangitur, sed diuturnitate exstinguitur.*
Cic. de senect. 11. 38.

ınsuffisante à la fois : il s'était formé de loin et assez tard. à cette redoutable école, non pour apprendre les empor-. tements de la servitude révoltée, les fureurs de l'ambition. mécontente, ou les accommodements de l'ambition sa-. tisfaite, mais pour sentir et pour enseigner aux autres qu'au-dessus et à côté des réalités humaines, si brillantes ou si tristes qu'elles soient, se trouve la vérité des prin- cipes ; qu'il faut aller droit aux choses sans permettre à l'abus des mots de tromper le jugement, de séduire ou d'effrayer la conscience : il était de ceux, en un mot, qui veulent renfermer le bien dans les limites du possible, et « arriver au durable par le vrai, à l'utile par l'honnête (1). » —Puissent les générations nouvelles leur donner de dignes successeurs ! L'exemple y servira bien mieux que tous les préceptes. Montrer aux fils ce que leurs pères ont été, c'est prouver qu'on ne leur demande pas des vertus im- possibles. « Rome qui régnait sur les nations par les « armes, sur elle-même par la sagesse, Rome qui avait « des couronnes pour toutes les vertus, et qui dispensait « avec tant d'équité les trésors de l'opinion, Rome, pen- « dant tous les siècles de sa durée, ne donna le surnom « de sage qu'à un seul de ses citoyens, et cet homme « unique, c'était un jurisconsulte. » C'est en ces termes que M. Henrion de Pansey parlait de Dumoulin, il y a presque un siècle. Cette couronne qu'il tressait pour un

---

(1) M. Mignet. *Etude sur Droz.* 1852.

autre, la postérité peut aujourd'hui la décerner à sa mémoire. Il nous semble que l'étude de sa longue vie et de
ses nombreux ouvrages, se résume en une seule pensée,
se traduit par un seul précepte : accepter ce qui est
nouveau en ménageant ce qui est ancien, et surtout en
respectant ce qui est éternel.